DES INSTITUTIONS DE PRÉVOYANCE

ET PARTICULIÈREMENT

DES ASSURANCES

PAR

M. NESTOR URBAIN

Directeur du journal la FRANCE DÉPARTEMENTALE, ex-ingénieur aux mines de Baïgorry, ancien professeur de chimie, auteur de l'Introduction à l'Étude de l'Économie politique, rédacteur en chef de la cinquième section du Bulletin Universel des Sciences, membre de la deuxième classe de l'Institut Historique, de plusieurs sociétés savantes et littéraires, à Paris et dans les départements.

PARIS

Au BUREAU de la FRANCE DÉPARTEMENTALE,
RUE MONSIGNY, 6.

1838

45707

DES

INSTITUTIONS DE PRÉVOYANCE

ET PARTICULIÈREMENT

DES ASSURANCES

IMPRIMERIE DE DUCESSOIS,
quai des Augustins, 55.

DES

INSTITUTIONS DE PRÉVOYANCE

ET PARTICULIÈREMENT

DES ASSURANCES

PAR

M. NESTOR URBAIN,

Directeur du journal la *France Départementale*, ex-ingénieur aux mines
de Baïgorry, ancien professeur de chimie, auteur de l'*Introduction à l'Étude de l'Économie politique*, rédacteur en chef
de la cinquième section du *Bulletin Universel des
Sciences*, membre de la deuxième classe de
l'Institut Historique, de plusieurs sociétés savantes et littéraires,
à Paris et dans les dé-
partements.

PARIS

AU BUREAU DE LA FRANCE DÉPARTEMENTALE.

Rue Monsigny, 6.

1838

DES

INSTITUTIONS DE PRÉVOYANCE

ET PARTICULIÈREMENT

DES ASSURANCES.

CHAPITRE I.

STATISTIQUE MORALE DES ASSURANCES.

—

Des Lois.

Les lecteurs du journal que je dirige [1] n'ont pu sans doute rester indifférents au mouvement administratif qui s'opère dans le pays : tandis que les conseils généraux et les préfets qui représentent nos provinces, versent de toutes parts sur Paris toutes les connaissances spéciales que l'observation constante des intérêts locaux a pu leur donner, une sorte de réaction porte sans cesse vers chacun de nos départements une lumière, un bienfait nouveau, émané du gouver-

[1] La *France départementale.*

1

nement central. Malgré les tendances parisiennes à nous entraîner encore dans les débats oiseux d'une politique quintessenciée, malgré l'intrigue qui veille aux portes des ministères armée de questions personnelles, malgré peut-être la vaine importance qu'attachent certains ministres à la métaphysique de l'administration, une force puissante domine la volonté même des hommes qui gouvernent la France; aucun désormais n'aura la force de se maintenir en présence des corps électoraux, s'il ne travaille sincèrement à augmenter la richesse et la paix morale du pays.

Nous n'avons plus à parler aux passions, il faut aborder avec une véritable bonne foi les faits tels qu'ils sont, et plaider sans cesse l'intérêt, non du public particulier qui nous entoure, mais de ce grand public, si souvent méconnu, si secret dans ses pensées d'avenir, et pourtant si constamment soumis à un but providentiel : telle est la mission d'un ardent apôtre de la paix morale, d'un croyant du progrès qui sait être souvent aussi ami de la conservation.

Je ne veux pas examiner ici pourquoi nous sommes tous en France disposés à demander compte au gouvernement de notre prospérité ou de nos malheurs particuliers. Les esprits qu'on

qualifie de libéraux sont les plus enclins à accuser les gouvernants, tout au moins accusent-ils
les lois qu'ils trouvent toujours, avec raison, in-
complètes ; mais alors c'est aux législateurs à en
faire de meilleures, et le bonheur de tous est encore ainsi entre les mains de ceux qui gouvernent. Avec une pensée de dévouement à l'état et
au roi, avec un désir exagéré de conservation qui
faisait aimer jusqu'aux abus, nos ancêtres avaient
le temps d'achever l'expérience des institutions
qui s'établissaient dans le royaume, et l'on a vu
des ordonnances, assez mauvaises en elles-mêmes,
devenir le principe de coutumes et de mœurs qui
organisaient un régime heureux. Maintenant
l'instabilité des lois est une conséquence de ce
fait bien constaté, « qu'aux yeux de tous, il faut
que la loi ou les chefs de l'état soient responsables du bonheur des citoyens. » Mais, puisqu'il
en est ainsi, à tort ou à raison, n'est-ce pas un
devoir pour nous d'appeler l'attention de ceux
qui ont l'iniative des lois sur les questions dont
la solution est utile au pays ?

Ajoutez que si cet esprit inquiet, qui réclame
sans cesse des mesures législatives nouvelles, est
véritablement un mal, il en peut résulter néan-
moins un grand bien : la nécessité de fixer les

droits de chacun en ressort mieux puls et promptement ; dès que des usages nouveaux ont établi
de nouvelles relations, les principes s'établissent
d'eux-mêmes. Il arrive quelquefois que tous les
citoyens comprennent en quelques années des
idées qui leur étaient tout à fait étrangères autrefois, et l'on doit s'étonner alors que les gouvernants restent les derniers à sentir la portée
d'une bonne loi et l'importance de la faire promptement. L'absence de toute législation est presque toujours un mal plus grand que celui qui
résulte d'une législation rudimentaire et incom-
plète ; lorsque l'expérience n'a point apporté au
conseil d'état et aux législateurs tous les documents nécessaires pour formuler un code complet, il n'en est pas moins urgent d'établir les
premiers principes laissant aux cours royales
les décisions partielles et détaillées suivant les
circonstances.

Législation des Assurances.

Le système des assurances est un de ceux où
l'absence de tout principe législatif se fait sentir
le plus souvent, et lorsqu'on porte un regard philanthropique sur les bienfaits que promet l'admirable institution des assurances , lorsqu'on voit

au contraire cette institution exciter la défiance
et toute son utilité mise en question sans cesse,
il est permis de s'étonner que, dans la plupart des
cas, *les conventions seules fassent la loi des parties.*

Ne sait-on pas que l'assuré est faible, tandis
que l'assureur est fort ? Les débats des tribunaux
n'ont-ils pas appris à tous ceux qui les ont suivis,
combien le premier peut être criminel ; combien
le second peut être déloyal ? N'a-t-on pas vu le
feu ravager nos campagnes, quand se sont fondées
les premières compagnies d'assurances contre
l'incendie ? Les lois de la mortalité, si admira-
blement calculées depuis Leibnitz, Bernouilly et
Neper, ont-elles quelque certitude en présence
des fraudes ingénieuses qui changent si fréquemment les conditions de l'assurance sur la vie ?
Chaque jour ne voyez-vous pas des procès entra-
ver le règlement des sinistres ? des transactions
dissimuler des crimes ? N'y a-t-il pas une industrie tout entière, connue sous le nom d'agence
ou de courtage, dont les bénéfices les plus réels
sont fondés sur l'ignorance et la confiance de
l'assuré, sur la complicité tacite des compagnies ?
Qu'y a-t-il de réel dans les promesses d'une police d'assurances, et comment les conventions des
parties peuvent-elles faire loi quand les parties

ne se connaissent pas, quand elles traitent souvent sans bonne foi, et ne communiquent ordinairement que par des intermédiaires qui ont intérêt à les tromper l'une et l'autre?

Peut-être la concurrence, en l'absence de la loi, pourra-t-elle éclairer les intérêts privés; peut-être jaillira-t-il des débats des compagnies, de la lutte des divers systèmes d'assurances, une lumière vive qui décélera les fraudes; mais la concurrence n'est que nominale, depuis dix ans les assurances ont leur oligarchie, et comme la loi n'est faite que pour protéger le faible, l'absence de la loi l'a, jusqu'à ce jour, laissé sans défense. Le monopole domine tout le système des assurances; avec raison les grandes compagnies dès longtemps existantes, jouissent d'un grand crédit; mais est-il un établissement nouveau qui trouve dans la loi une protection suffisante pour fonder un crédit semblable, eût-il d'ailleurs une véritable solidité, un honorable caractère? Certainement non; c'est par des moyens de publicité qu'emploie trop fréquemment le charlatanisme, qu'une compagnie nouvelle peut se faire connaître, c'est par des primes exagérées, accordées à ces agents, qu'elle peut obtenir les premières souscriptions, et ces primes on les donne

quelquefois au courtier d'assurance, en lui aban-
donnant en outre la somme entière que paie l'assuré, de sorte que la compagnie nouvelle achète
réellement, pendant les premières années, le droit
de garantir des risques.

Cependant la lutte s'engage. C'est aux mêmes
assurés que tous les agents d'assurances s'adressent ; les affaires de chacune des compagnies qui
se font concurrence sont divulguées, la victoire
est toujours à la plus ancienne, car elle n'a point
à masquer en fin d'année ses déficits par des
chiffres habilement présentés à ses actionnaires.
La nouvelle compagnie, au contraire, qui achète
chèrement le droit de payer des sinistres, qui
assure les chances les plus hasardeuses parce
qu'elle a moins à choisir, qui d'ailleurs se voit
forcée de répondre à ses actionnaires, peu disposés à abandonner l'intérêt de leur argent ni aucune partie de leur capital pour acquérir une
clientèle d'assurés fort onéreuse, se voit forcée
de cacher ses comptes, de couvrir d'ombre et de
silence sa position financière, et de répondre à
tous par le mensonge, bien que souvent elle soit
de bonne foi, dévouée à sa mission d'utilité publique, et qu'elle ait préparé à ses intéressés
une haute et réelle prospérité.

Ainsi tout essai nouveau de société d'assurance reste infructueux, le monopole domine, il est fort et puissant, il a des organes intéressés au sein même du conseil d'état, il en a parmi ceux qui redigent les lois, au milieu des chambres législatives; si quelque ministre du roi fait un jour une loi sage qui détruise le monopole, cette loi lui appartiendra à lui seul, et sera sans doute le plus beau titre de gloire qu'il puisse acquérir, car l'entreprise est aussi difficile qu'elle serait utile au pays.

Aujourd'hui on entend souvent dire que le système des assurances n'est pas assez développé en France pour nécessiter un code nouveau, qu'une loi ne suffirait pas, et que pour formuler tous les articles d'un code il faudrait que l'usage et les mœurs eussent établi plus complétement une sorte de droit coutumier; on va jusqu'à prendre texte de l'indifférence des masses à l'égard de certaines assurances pour motiver l'indifférence du législateur :

Remarquez qu'en l'absence d'une loi les procès entre assureurs et assurés se multiplient; prenez une police d'assurances qu'elle qu'elle soit, et vous y trouverez toujours matière à quelque débat judiciaire au profit de l'assureur; aussi est-il devenu habituel de faire publier dans les journaux quotidiens, les sinistres qui *par extraor-dinaire* sont réglés promptement et sans procès;

Remarquez qu'en l'absence d'une loi le monopole écrase toute concurrence;

Remarquez qu'en opposition à ces faits qui sont relatifs à toutes les assurances terrestres, les assurances maritimes, régies par un code spécial, ont pris un développement heureux qui fait bien augurer de l'avenir de notre commerce;

Et ne conclurez-vous pas que l'indifférence des masses, c'est de la défiance; que l'indifférence du législateur, c'est l'oubli de ses devoirs?

Progrès du système d'Assurance.

Pour tout spectateur attentif au mouvement social, il y a quelque chose d'étrange dans ce singulier argument de l'indifférence des masses pour les assurances. N'est-il pas évident au contraire que les idées d'épargne et de mutualité, qui font le fondement de toute assurance, sont partout répandues? Depuis l'armateur qui assure contre les risques de mer son navire pour une valeur de plus de deux millions, jusqu'à l'ouvrier de Mulhausen qui dépose chaque semaine vingt-cinq centimes entre les mains d'un caissier pour former une bourse commune et obtenir des secours en cas de maladie, combien d'assurances spéciales et générales ont été formées ou tout au moins tentées!

Les *assurances maritimes* qui sont les plus anciennes, qui ont leur code et leur jurisprudence, et qui cependant donnent encore lieu à bien des fraudes, ont pris depuis quelques années, à Paris, un développement qu'on n'aurait pas cru possible autrefois. Les plus grandes maisons de banque ont pris une part active à l'établissement du *Lloyd Français*, et les risques de mer qui trouvent à Londres deux cents assureurs réunis toujours prêts à les garantir, trouvent maintenant aussi à Paris trente-cinq maisons de premier ordre qui peuvent contracter l'assurance la plus importante, sans crainte d'avoir à se liquider pour payer un sinistre. Autrefois les assureurs des ports ne pouvant courir de gros risques, et la France n'offrant aucune institution semblable au Lloyd de Londres, c'était à l'étranger que se faisaient les assurances importantes. Aujourd'hui, non-seulement il existe à Paris un Lloyd en pleine prospérité; mais il vient de se créer une société anonyme au capital de cinq millions sous le titre d'*Union des ports*, dont les opérations ne peuvent manquer d'étendre beaucoup les assurances maritimes en France.

Ces résultats qui ont été réellement faciles à obtenir dès que la paix européenne a pu donner au commerce l'espoir d'une activité nouvelle, ont été acquis, il faut le reconnaître, à l'ombre d'une législation protectrice, et surtout parce qu'assurés et assureurs sont tous commerçants, que les uns et les autres se trouvent dans une position égale, qu'ainsi les conditions de la police ont l'avantage d'être à l'avance réglées par une jurisprudence bien établie, et discutée par des parties également habiles, également instruites de leur droit ; enfin l'une des garanties qu'offre le système des assurances maritimes, à l'exclusion de tout autre, c'est que les affaires s'y traitent par l'intermédiaire de courtiers, reconnus légalement, auxquels une réputation honorable est nécessaire, et dont les actes sont soumis à l'investigation d'une chambre syndicale qui ne peut être complice de la fraude ou du charlatanisme.

Les assurances contre l'incendie qui commencent la série des assurances terrestres, n'ont point de courtiers qui offrent des garanties aux assurés, leur développement a été prompt, mais il a été soumis à de nombreuses vicissitudes. Elles ne peuvent presque jamais suivre les règles tracées pour les assurances maritimes, parce qu'elles se contractent entre parties de position inégale, entre des commerçants et des propriétaires, entre des citadins et des paysans, entre des hommes habiles et des hommes simples. Elles ont jusqu'ici, plus qu'aucune autre, fait ressortir la nécessité d'une meilleure législation. Venues d'Angleterre avec leurs formules de police, leurs actes constitutifs, le taux de leurs primes et tous leurs systèmes administratifs, elles ont comme en Angleterre vu croître à côté d'elles d'année en année les sinistres auxquels elles apportaient un remède, et l'on a pu croire un moment que la Providence, ayant dévoué chaque année à la destruction une partie des ouvrages humains, les pertes devaient s'augmenter en raison des moyens de sauvetage, afin que le même nombre d'hommes fût éprouvé ou puni par des malheurs temporels.

Cependant l'accroissement des sinistres s'est arrêtée; on ne voit plus, comme dans les premiers temps de la restauration, des provinces entières désolées par l'incendie. C'est peut-être à la solidité que les compagnies d'assurances mutuelles ont acquises dans les départements qu'il faut attribuer en grande partie ce résultat. La surveillance que chaque voisin exerce, suivant le système de la mutualité sur son voisin, rend en effet le crime plus difficile à commettre et porte un secours plus prompt aux sinistres accidentels.

Mais de puissantes raisons ont fait premièrement soutenir le système des grandes compagnies à prime ; je laisse de côté le crédit dont jouissent presque tous les associés de ces compagnies, et je dois constater ici que l'assurance à prime fixe, avec garantie d'un fonds social considérable, pouvait seule prendre droit de bourgeoisie en France, lorsqu'elle nous vint d'Angleterre. Il a fallu que la concurrence entre les compagnies à primes fixes et de scandaleux procès, dus particulièrement à l'avidité de leurs agents, vinssent altérer la confiance qu'on leur accordait exclusivement, pour que les compagnies d'assurances mutuelles pussent s'établir solidement. Les assurances mobilières, qui ont longtemps été de privilége exclusif dans les attributions des grandes compagnies parisiennes, le nom d'un commissaire du roi qui reste encore attaché à quelques-unes d'entre elles, leur laisse un grand crédit dans le pays. Il est possible que leur position acquise soit utile, malgré l'espèce de monopole qu'elle constitue, mais il est certain que le public, et surtout le public des départements, instruit par la presse de province, réclame des garanties nouvelles et ne voit dans les compagnies d'assurances, aujourd'hui, qu'un remède dangereux à un mal inévitable. Plusieurs conseils généraux, dans les sessions de 1834 et 1835, ont délibéré sous l'impression de cette défiance.

Les assurances agricoles, qui ont pour but de garantir *contre la grêle* les champs des laboureurs, ou contre les *épizooties* la vie des animaux, doivent être ici mentionnées comme appartenant à l'un des systèmes d'assurances les plus féconds en heureux résultats et les moins développés. Elles n'ont, pour ainsi dire, été jusqu'à ce jour que tentées, et leur peu de développement tient surtout à ce que la législation ne protége point les petites assurances spéciales pour lesquelles il faudrait tout un chapitre de loi, de manière que chaque contrée, plus ou moins sujette aux accidens météoriques, pût être soumise à des conditions particulières d'assurances.

Les assurances sur la vie, on aurait pu le croire

il y a deux ans, ne devaient pas s'établir en
France. Il suffit en effet de comparer avec un
esprit philosophique, dégagé de prévention, les
mœurs de l'Angleterre et de la France pour comprendre que les mêmes systèmes d'assurances
ne peuvent convenir aux deux pays. Dans l'un le
travail assidu amasse péniblement, au milieu
d'une nombreuse concurrence, avec toute sorte
de chances de ruine, une petite fortune commerciale; la vie d'un homme c'est sa plus grande
richesse, avec elle il a du crédit, des revenus;
mais s'il meurt tout meurt avec lui. Cependant
la famille est un sanctuaire respecté même des
plus indignes, et les besoins que font naître le
climat et les usages sont nombreux et dispen-
dieux. Assurer sa vie dans de telles circonstances, rien n'est plus ordinaire. Mais dans notre
pays, au moment où les tourmentes politiques
viennent de mettre en question toutes les exis-
tences, altérer la confiance dans toutes les promesses de l'avenir, lorsque les membres de
chaque famille, sans lien religieux, sans lien
aristocratique, sans dignité personnelle, manquent d'union et de dévouement les uns pour les
autres, quand il entre d'ailleurs dans notre caractère semi-méridional de compter plus sur

notre capacité à faire fortune que sur l'épargne déposée entre les mains d'autrui, on peut dire que rien n'est moins naturel, moins entraînant qu'une assurance sur la vie.

Cependant il se fait encore, année commune, trois ou quatre millions d'assurance pour garantir l'héritage après la mort, et certes si la loi était plus favorable à cette espèce d'assurances, si elle admettait et garantissait par une pénalité les engagements de payer les primes à terme, si les vicissitudes de fortune qui ne permettent pas toujours d'acquitter dans un mois, pour tout délai, la prime promise chaque année, ne se présentaient plus à tous les esprits comme des chances très-probables de nullité au profit de l'assureur, vous verriez bientôt se développer, sans limite, les assurances sur la vie.

Les *assurances viagères* ne semblent pas avoir plus de succès que celles sur toute la vie. Toutes nos qualités individuelles ne viennent-elles pas le plus souvent de cette tendance si dominante chez les artistes, de sacrifier l'avenir au présent, et quand, arrivé à l'âge mûr, l'homme plus éprouvé et plus sage consentirait à contracter une assurance pour sa vieillesse, lui resterait-il assez de chances pour espérer, sans un

sacrifice très-grand sur son revenu présent, constituer une rente suffisante à tous les besoins de
sa vieillesse. Et puis, la France est un pays plus
agricole et industriel que commerçant, les agri-
culteurs et après eux les industriels se confient
à leur richesse matérielle, à leur capital, tandis
que le commerçant n'a qu'un revenu sur lequel
il fait des épargnes pour la vieillesse, soit entre
ses mains, soit entre celles d'un caissier, qui
peut être la banque, le notaire ou la compagnie
d'assurances.

Les *assurances de la naissance à l'âge de la ma-
jorité* sont en définitive les seules qui aient été
réellement admises par le public en France. La
conscription de l'empire qui a laissé tant de dés-
astreux souvenirs, la concurrence dans les professions libérales qui a amené, depuis la paix,
tant de désappointements, la difficulté des ma-
riages, plus grande encore dans les dernières
années de la restauration, par défaut de subsi-
stances, que dans les plus cruelles guerres de la
révolution et de l'empire ; telles sont les causes
temporaires qui rendent populaires les *assurances
dotales*. La prévoyance du père qui contracte
pour son enfant, est fondée sur une expérience
assez longue pour être sage et réfléchie, excitée

par l'affection qu'inspire toujours dans le jeune âge le fils qu'on abandonnera peut-être plus tard à des instituteurs étrangers, sans aucune sollicitude pour ses mœurs et son avenir, elle ne peut manquer de rendre l'assurance dotale un bienfait désiré et qu'on s'empresse d'accepter.

Enfin les *assurances à temps* qui ne sont que des placements avec les chances de la mutualité, n'ont présenté jusqu'à ce jour qu'un bien petit nombre de souscripteurs : quel est en effet l'homme assez avide pour vouloir profiter des chances de mort de ceux qui contractent avec lui, et pourtant assez oublieux de l'intérêt des siens pour compromettre le capital ou les intérêts dont il se sera privé avec des vues de spéculation pendant un certain nombre d'années? Un avare ne veut pas perdre même après sa mort, et un avare seul calcule la loterie de mort qu'on lui présente dans les tontines.

D'autres *assurances* bien autrement *populaires* se contractent chaque jour en France. Ce sont celles des mutuellistes de Lyon, de l'association Saint-Joseph de Paris, de la société industrielle de Nantes et de Mulhausen ; ce sont, en un mot, ces assurances contre les maladies, contre les cessations de travail, et trop souvent contre la

réduction des salaires dans les crises commerciales, qui compromettent quelquefois l'ordre
public, mais qui, le plus souvent, sont la sauve-
garde de la tranquillité publique et de la sûreté
des personnes.

On a essayé bien d'autres systèmes qui tous
ont leur degré d'utilité, et dont pas un n'a
éprouvé une chute complète quand il a été soumis à des conditions assez générales pour avoir
l'étendue qui est nécessaire à tout système de
mutualité.

Telles sont les *assurances pour les marchandises
prohibées introduites en fraude;* celles dites *judiciai-
res,* qui garantissent le plaideur des exactions des
gens de loi ; celles dites *hypothécaires,* dont le but
est encore de combattre les vices de la législation
sur les hypothèques ; celles enfin qui sont faites
contre *la loi du recrutement.*

De telles assurances font certainement la criti-
que la plus complète qu'on puisse faire des lois de
douanes, de procédure, du recrutement et du
régime des hypothèques; j'oserai même dire qu'il
suffit d'étudier attentivement les résultats heureux de ces assurances, pour connaître quelles
sont les réformes à introduire dans nos codes.

Appliquées aux institutions charitables et aux

pensions des fonctionnaires publics, les *assurances* réaliseraient de précieuses économies et en même temps les plus grands bienfaits : tous les économistes ont regardé l'aumône organisée comme le fléau des sociétés, les hommes religieux ont réclamé contre les doctrines de l'égoïsme, et tous avaient raison. Mais que les institutions d'aumône, les hospices, les bureaux de bienfaisance, la surveillance des prisons se transforment en institutions de prévoyance, qu'à côté de l'instruction élémentaire du peuple se trouvent des systèmes nombreux et variés d'assurances, qui fassent de la nation tout entière une vaste association, et certes l'égoïsme même deviendra un élément d'union et de paix ; alors la religion et l'économie politique seront d'accord et concourront au même but.

Une législation habile qui ouvre à toutes les assurances un chemin sûr, et règle d'une manière sage les obligations de l'assuré et de l'assureur, est la première base sur laquelle il faut édifier les institutions de prévoyance.

Elle nous manque.

Loi à faire.

Tous les systèmes d'assurances dont j'ai parlé

sont sujets à mille intrigues que la législation ne réprime pas, à mille abus de confiance qu'elle ne prévoit pas et qu'elle ne punit pas.

On sait qu'en Angleterre où les incendiaires n'ont pas manqué pour accroître les bénéfices des compagnies ou pour frauder leurs indemnités, il ne manque pas non plus d'hommes qui vendent leur vie à des spéculateurs, et que l'un des moyens de s'enrichir est encore aujourd'hui de faire assurer à son profit des malades sains en apparence, mais atteints de quelque vice d'organisation qui les dévoue à une mort prochaine.

Je ne veux point exposer ici toutes les fraudes et les intrigues qui ont porté en France la déconsidération sur les assurances de toutes espèces. Mais j'insisterai sur la nécessité de les moraliser et de les étendre à toutes les conditions sociales, à tous les événements de la vie. Un désir général qui est, comme je l'ai dit, la conséquence des idées d'épargnes et d'associations admises par tous les partis, appelle l'établissement large des assurances. Mais les lois de la statistique, le haut calcul des probabilités, l'expérience de l'administrateur, l'étude philosophique de l'esprit des masses doivent préparer une législation solide contre laquelle l'intérêt particulier luttera avec une puissance qui a souvent été victorieuse jusqu'à ce jour.

Il faut voir que plusieurs systèmes nouveaux ont été mis en avant, les uns contre les lois, les autres avec des conditions et des chances nouvelles.

C'est ainsi que les assurances dites hypothécaires, celles à terme avec ou sans intérêts accumulés, celles à chances diverses consenties par les assurés en leurs contrats et formant les bases diverses d'association, peuvent fournir un immense développement au système des assurances. Mais ici, le gouvernement, conservateur de la morale publique, apporte des entraves ; là il reste impuissant ; quelquefois ses entraves sont nuisibles à l'intérêt général ; dans d'autres occasions son impuissance est à déplorer. Le désordre est tel aujourd'hui, avec la crainte salutaire qu'on doit avoir de gêner la liberté des citoyens, qu'il est tout à fait urgent de fonder sur les assurances une nouvelle législation puissante et complète. Ce serait un immense bienfait que de limiter les assurances à terme en les autorisant ; alors tout ce que j'ai dit sur les assurances viagères, les assurances à temps ou sur toute la vie

deviendrait faux en grande partie, et le vaste
système de crédit qui a tant changé la face du
monde depuis que la lettre de change existe,
s'introduirait dans les assurances : sans doute
l'avenir en verrait les heureuses conséquences.
Mais la législation, muette sur les assurances, n'a
de code que pour les opérations de commerce qui
sont pratiquées depuis longtemps ; elle se tait
sur les conditions diverses de la police d'assurances, dès que celles-ci ne s'appliquent pas à la
perte des navires ; elle ne fixe ni les conditions
du crédit, ni celles des contrats qui ont pour
objet l'intervention des tiers dans les chances
aléatoires consenties par quelques-uns.

Cependant, assez d'expériences ont été faites,
assez de fraudes et d'intrigues ont mûri la raison
du législateur et fait connaître les abus, assez de
besoins urgents ont appelé un remède à l'imprévoyance et à l'égoïsme du siècle, pour que ce soit
un devoir et une gloire de créer des lois spéciales
aux assurances.

En théorie, il faut bien reconnaître que toute
valeur humaine est périssable, que cette mort,
qui sans cesse menace la vie et les propriétés des
hommes, doit en changer le prix si l'on en veut
trafiquer. Dans les Indes anglaises, le jeune

homme qui a appris les langues, pendant qu'il remplit une sorte de stage avant d'être nommé juge, peut disposer des sommes les plus exorbitantes. Il a des palais, des esclaves, un sérail. Mais il a vendu à l'avance sa vie et sa conscience, celui qui les lui a achetées à fait assurer l'une, et pour lui elle ne peut faillir; l'autre devient plus tard le vil instrument dont il se sert pour vendre aux plaideurs des jugements qu'il dicte à son débiteur devenu juge : celui-ci paie ainsi par ses injustices les jouissances et le luxe qui lui ont été si libéralement prodigués pendant son jeune âge. Dans les pays de commerce, tels que l'Angleterre et la Hollande, rien n'est facile à comprendre comme toutes ces spéculations, tous ces marchés dont l'objet n'a souvent rien de matériel. Là, on sait que si toute valeur humaine doit produire un intérêt, une rente à qui la possède, elle est aussi grevée d'une sorte d'intérêt négatif par la destruction qui la menace; que cet intérêt négatif est en raison directe des probabilités de destruction. La prime d'assurance est donc une espèce d'escompte qu'on paie à celui qui s'oblige pour vous, c'est véritablement le report d'un marché de rente à terme contracté au parquet de la Bourse.

Mais en présence de notre législation sur l'intérêt de l'argent, il y a *usure* quand l'escompte dépasse un taux qui a été fixé par la loi, et que les droits légaux du créancier réduisent, en lui donnant sur son débiteur une sorte de puissance coercitive.

En matière d'assurance, point de loi, la convention des parties seule existe; prenez donc l'admirable théorie de Bentham sur l'usure, et vous y trouverez bientôt tous les principes qui doivent présider à la rédaction d'une loi sur les assurances. La table est rase; le philosophe aura raison.

CHAPITRE II.

PROJET DE LOI SUR LES ASSURANCES SOUMIS AUX CONSEILS GÉNÉRAUX DE L'AGRICULTURE, DU COMMERCE ET DES MANUFACTURES, EN JANVIER 1838.

Les conseils généraux du commerce, de l'agriculture et des manufactures, réunis à Paris, sont peu propres à donner de sages avis sur les nouvelles lois dont le gouvernement prépare les projets; il suffit de lire la liste des membres qui composent ces conseils; et, après avoir parcouru le projet de loi sur les assurances qui vient de leur être distribué, demandez-vous qui pourra, au sein de ces assemblées, élever la voix en faveur de l'assuré. A Paris, celui même qui, dans la chambre consultative de Saint-Etienne ou de Morlaix, aurait peut-être plaidé sa propre cause, en demandant au législateur des garanties contre l'avarice des spéculateurs, sera lui-même soumis à cette fièvre de spéculation et de calcul qui altère les intentions les plus pures, et qui agit sur les âmes les plus honnêtes, souvent à leur insu.

M. le ministre du commerce avait sans doute compris toute cette position, lorsqu'il adressa, le 21 novembre dernier, une circulaire aux membres des conseils généraux, pour les avertir que la session de ces conseils serait ouverte le 14 décembre, et pour leur indiquer les questions spéciales qu'il se proposait de leur soumettre. En terminant cette circulaire, le ministre engageait les chambres de commerce et les chambres consultatives des arts et manufactures à fournir à leurs délégués tous les renseignements qui leur paraîtraient utiles pour la session qui se préparait.

C'était implicitement reconnaître combien la réunion parisienne est loin de concentrer toutes les lumières des départements, et combien peu le temps de sa session suffit à l'examen des questions principales.

Parmi les objets que le ministre a indiqués dans sa circulaire, comme devant être soumis particulièrement à l'étude des conseils généraux, se trouve un projet de loi sur les assurances. Quels sont les documents apportés par les membres des conseils pour concourir à la rédaction de ce projet encore bien informe, d'après la déclaration même de M. le ministre? Certainement ces documents sont nuls, ou le deviennent en présence des idées parisiennes qui entourent les conseils. Cependant ce n'est plus une chose nouvelle que les assurances au milieu de la fièvre pléthorique dont est saisie la bourse de Paris, depuis que l'élévation des effets publics a fait refluer les capitaux dans l'industrie, on a vu se créer des compagnies d'assurances, non-seulement pour les risques connus, mais aussi pour tous les nouveaux cas fortuits que l'administration des choses humaines peut présenter.

Les assurances pour lesquelles je réclamais, il y a dix mois, une législation générale, large et dans l'intérêt du plus grand nombre, n'ont inspiré, jusqu'à ce jour, qu'un projet de loi rudimentaire [1], où le rédacteur, réduisant d'abord le système des assurances à ses applications contre l'incendie, paraît avoir extrait les conditions communes à toutes les polices des compagnies à primes existantes pour en construire une loi. Je

---

[1] Voyez *France départementale*, 3ᵉ vol., pag. 529.

puis dire qu'ainsi formulée, sans autre développement, sans autres prévisions, cette loi est à
peu près inutile ; car, sur tous les points qu'elle
prévoit, la jurisprudence est presque toujours
fixée dans le sens qu'elle adopte. Je sais que des
légistes habiles pensent que les lois ne devraient
jamais précéder la jurisprudence, et qu'au contraire celle-ci devrait toujours fixer à l'avance
les principes de la législation. Mais cette doc-
trine laisse souffrir les populations pendant que
les lois s'élaborent dans des contestations multi-
pliées, tantôt jugées d'une manière, tantôt dé-
cidées d'une autre ; elle soumet le législateur à
l'avis du magistrat, et comme pour ce dernier
il y a un respect de la chose jugée que le second
ne doit point admettre, les erreurs de justice se
perpétuent en l'absence des lois, et deviennent
difficiles à rectifier.

C'est ici toute l'histoire des assurances ; on en
est venu aujourd'hui à penser que, parce que l'on
s'est passé de lois spéciales pendant vingt ans, il
n'y a pas de raison pour en avoir besoin dans l'a-
venir ; et, en effet, tous les intérêts des assureurs
sont assez bien garantis, au moins pour ce qui
est des assurances contre l'incendie, et les arrêts
des cours royales leur sont assez généralement

profitables : or, les assureurs sont ici les seules parties ayant voix consultative. Les intérêts des assurés ne sont pas non plus absolument lésés ; les bénéfices des compagnies ont été assez considérables et le sont encore aujourd'hui, pour subvenir à quelques transactions qui ont beaucoup diminué les procès dans ces derniers temps.

Faut-il conclure de ce qu'un projet informe a été débattu et longuement élaboré pendant trois années, de ce que la jurisprudence et les transactions suppléent aux lois, de ce qu'enfin il s'est établi une sorte de régularité dans l'absence des règles, qu'il ne faut faire aucune loi sur les assurances ou qu'il faut circonscrire celle qui sera proposée à la Chambre, dans les limites étroites d'une expérience encore bien courte ? Je ne le pense pas, et quoique la matière soit difficile, bien plus difficile encore en dehors des assurances contre l'incendie, qu'en l'arrêtant à la prévision des dégâts que le feu peut faire, je crois que ce serait l'occasion pour des hommes d'état dévoués au bien de leur pays, d'acquérir une véritable gloire. En effet, régler les progrès de la civilisation, les développer en ouvrant aux intérêts progressifs une large voie, en contenant les abus établis, et laissant grandir à côté d'eux les améliorations qui doivent les anéantir, n'est-ce pas le devoir d'un législateur habile, n'est-ce pas aussi l'œuvre d'un philanthrope éclairé?

Maintenant, que la spéculation a naturalisé en France le système des assurances, maintenant qu'aux prix de quelques millions jetés entre les mains d'un petit nombre d'assureurs, le public a acheté la connaissance du procédé par lequel il peut sauver les valeurs périssables, ne sommes-nous pas en droit de demander que le législateur pose un terme aux bénéfices immenses que font les compagnies? Que si les transactions sont faciles et les procès moins nombreux, c'est peut-être parce que les sommes que perçoivent annuellement les assureurs sont si grandes, en proportion de leurs pertes, que leur intérêt bien entendu suffit pour les déterminer à faire un sacrifice presque insignifiant, en réglant sans difficultés un sinistre dont ils auraient pu contester l'indemnité.

Si vous considérez que toutes les valeurs humaines sont périssables, que toutes sont par conséquent sujettes à une assurance; si, en même temps, un coup d'œil clairvoyant sur la France vous fait comprendre que les longues préventions qui s'opposaient au développement des assurances ont disparu, vous ne serez point disposé à faire bon marché du prix de l'assurance. Voyez bien que le même risque paie 12 cent. pour 1000 francs à certaines sociétés d'assurances et 80 cent. à certaines autres compagnies. Y a-t-il quelque raison pour que cette disproportion subsiste? Aucune, si ce n'est que, sur les 68 cent. qui font la différence, 20 ou 25 sont employés à salarier des agents adroits qui font gagner les 48 ou 43 cent. que les capitalistes se partagent ensuite.

Régler le prix des assurances, c'est, en définitive, faire à peu près la même chose que ce qu'on prétend faire aujourd'hui en régularisant les sociétés commerciales, c'est poser des bornes à l'exploitation de la faiblesse, de l'ignorance, de l'honnêteté, par la force, l'habileté et l'improbité, c'est exercer la haute mission d'un gouvernement paternel auquel les intérêts généraux sont confiés.

Les moyens ne manquent pas; le premier de tous c'est d'anéantir les agents salariés des compagnies, soit en constituant des agents spéciaux dont les actes soient soumis à la surveillance des présidents de tribunaux, soit en réglant les honoraires des notaires chargés de présider aux transactions d'assurances, et l'on peut voir que, dans le projet soumis aux conseils généraux d'agriculture, du commerce et des manufactures, il n'y a ni garantie contre les demandes exagérées des compagnies, ni aucun moyen de régulariser les polices dans l'intérêt des assurés.

J'aurai occasion de revenir sur ce grave sujet et de faire voir que les clauses d'assurances à termes, que celles d'assurances pour les risques du voisin, ou pour certains cas fortuits très-rares, que celles qui s'appliquent à la garantie des meubles et marchandises, que celles enfin de tacite reconduction ou de résolution de contrat, dans certains cas, peuvent toutes entrer dans une loi, aussi bien que les règles qui peuvent provoquer le développement des assurances agricoles, premier de tous les bienfaits dont le législateur devrait songer à doter le pays.

Mais comment, du 24 décembre au 10 janvier, les conseils que la centralisation réunit à Paris pourraient-ils, au milieu de leurs nombreuses occupations, formuler une loi où toutes ces graves questions seraient franchement abordées? Il faut le reconnaître, ce n'est pas à Paris, ce n'est point à des commerçants, hommes honorables d'ail-

leurs, à des manufacturiers, dont les connaissances techniques méritent certainement toute notre
estime, qu'il faut soumettre de pareilles questions.

CHAPITRE III.

INFUSION DU SYSTÈME D'ASSURANCE DANS LES INSTITUTIONS DE BIENFAISANCE.

J'ai étudié dans d'autres écrits les conditions sous l'influence desquelles il faut réprimer le crime, il est moins difficile aujourd'hui de comprendre celles qui déterminent la mendicité et celles qui doivent présider à l'éducation de l'enfance.

Nous avons vu que le travail est tout-puissant pour moraliser des hommes déjà flétris par une condamnation judiciaire.

Que la vie en commun a pour eux un attrait réel.

Que les affections de famille subsistent au fond

de leur cœur au point que dans les bagnes , les pleurs d'un repentir sincère sont toujours excités par des souvenirs d'enfance.

La religion, qui ne fournit dans le monde aujourd'hui, il faut bien le reconnaître, que des exemples exceptionnels de vraie moralité et de charité éclairée, est impuissante au milieu de la dépravation générale.

L'instruction est à la fois un instrument de crime et de vertu , elle aggrave une mauvaise éducation, elle élève et agrandit l'âme de celui que d'heureuses circonstances de moralisation entourent dans son enfance. Ne lui devons-nous pas le génie odieux de tous ces hommes criminels qui portent le désordre dans nos sociétés en évitant les plus simples délits punis par les lois ? Instruits, ils vivent au milieu de nous, ignorants, ils végéteraient dans les bagnes. L'instruction élémentaire ne moralise pas par elle - même , mais elle accompagne ordinairement une bonne éducation maternelle. Elle lui sert alors d'enseigne.

Il y a pour l'homme un passage terrible dans la vie, tout entouré de tentations coupables et dans lequel la moindre chute conduit à un abîme. C'est ce moment où il échappe au toit paternel , à l'affection de sa mère, pendant lequel toutes les passions que la nature a mises en lui pour le porter à se créer une famille descendante l'émeuvent et le troublent : s'il n'aperçoit point le but, si les circonstances sociales prolongent son hésitation, s'il voit ses premiers désirs déçus, sa vie ne s'accomplit pas. La maladie, le désespoir , les vices la consument.

Eh bien? rien n'est fait dans le monde pour abréger ces cruelles années d'inquiétude où le jeune homme sorti de l'enfance demande à la société un état, une famille, des affections nouvelles.

Trop souvent les pères ne soignent l'éducation de leurs enfants que dans la prévision anti-sociale de s'en approprier les fruits.

Et nos écoles publiques semblent avoir été créées pour former des hommes propres à toute chose si ce n'est à se créer un état, de sorte que les études nécessaires pour que l'homme ait une existence sociale, forment dans la vie de l'artisan et de l'artiste, du commerçant et de l'avocat, une lacune de quinze années soumises à toutes les tentations , à tout le tumulte des passions jeunes et robustes.

Et comme pour dépraver davantage la société,

une loi qui fut reçue avec de grands applaudisse-
ments parce qu'elle a l'apparence d'une loi d'é-
galité, a ordonné que nos jeunes paysans trop
pauvres pour racheter leurs services corporels
seraient pendant six années soumis à un régime
de paresse, de soumission aveugle aux volontés
d'autrui, privés de tout amour légitime, sans
puissance pour exécuter l'acte le moins impor-
tant de leur volonté. On leur impose le séjour des
villes comme pour leur apprendre les vices ; on
leur prescrit des travaux sans résultat, sans utilité
immédiate, et souvent on leur apprend à n'avoir
ni dégoût pour le sang ni respect pour la propriété.

Des considérations politiques, des raisonne-
ments fondés sur un état anormal de la société,
sur l'état de guerre, ont motivé la loi de recrutement. Elle a été peut-être nécessaire, mais elle
est certainement nuisible à la morale publique.

Les écoles régimentaires si elles donnaient des
états aux jeunes soldats, l'emploi des troupes aux
travaux publics si le travail était obligé et ser-
vait à former une masse pour la libération sans
devenir une prime payée par l'activité à la débauche : tels sont les remèdes provisoires. Une
réforme judicieuse fondamentale de l'armée, tel

est le remède réel. Un long temps amènera ces progrès dans la civilisation.

Le but de nos études doit être aujourd'hui de rendre le passage de l'enfance à la virilité moins long et moins pénible, de bonnes institutions militaires peuvent nous faire avancer vite vers ce résultat. Mais les institutions civiles sont plus faciles peut-être à modifier.

L'infusion du système d'assurances dans la vie des pauvres, promettrait une moralisation des masses que ni le système d'épargne, ni les efforts des magistrats, ni la sévérité des lois ne saurait amener.

Jusqu'à ce jour les assurances sur la vie ont été en France de pâles imitations des assurances anglaises, elles s'adressent aux classes moyennes, elles leur demandent des sacrifices que le caractère national et surtout celui des professions qu'on prétend secourir ne peuvent permettre. L'homme aventureux n'y trouve qu'une loterie dont les chances sont maigres aux prix de celles que lui donne sa propre industrie. L'homme paisible s'accommode de sa médiocrité, il ne veut en diminuer l'aisance ni pour s'assurer un bien-être éventuel éloigné, ni pour garantir un avenir à ses enfants à qui il donne une bonne éducation et non pas un capital pour héritage.

Il faut bien le remarquer, rien n'est moins dans les mœurs de notre nation que l'estime qu'on devrait faire d'un premier capital, et c'est là ce qu'il faudrait peut-être apprendre plus que toute chose à toutes les classes de la société. L'infusion du système d'assurances dans nos institutions est donc de la plus haute importance, et c'est en raison de l'influence immense de ce système que nous nous en faisons volontiers les propagateurs toutes fois que l'occasion s'en présente.

Voyez les formes que peut prendre l'assurance :

Elle garantit la valeur des propriétés destructibles contre les risques de mer, contre le feu, l'eau, la grêle, contre tous les agents destructeurs auxquels les choses humaines sont soumises sur la terre.

Elle est aujourd'hui appliquée de la manière la plus heureuse à la dotation des filles mariées jeunes, à l'établissement des garçons ou à leur rachat du service militaire, c'est le but de la banque philantropique qui, venue la dernière de toutes les compagnies d'assurance, est aujourd'hui la mieux développée, la plus généralement accueillle, parce que son système satisfait le vœu de tous les parents et s'offre tout naturellement au moment où le père a toujours de la prévoyance. Voir naître un enfant, soigner son enfance et l'abandonner quand il a grandi; cela se fait presque toujours, mais jamais cela ne se prévoit, et si la réflexion du père se porte sur l'avenir de son enfant pendant son jeune âge, c'est pour chercher un moyen de lui rendre facile son entrée dans le monde.

L'assurance consentie dans l'âge de la force vient fournir plus tard aux besoins de la vieillesse. C'est une des combinaisons de la compagnie de l'Union.

L'assurance devient à Nantes, à Grenoble et dans plusieurs autres villes un heureux moyen de secours pour l'ouvrier malade ou sans travail; d'admirables institutions sont partout fondées pour ouvrir à l'artisan malheureux des ressources nouvelles, toutes ont pour base la prévoyance de chacun et l'association de tous. Mais le génie du mal fait de l'union une coalition et du patronage une exploitation odieuse de l'homme par l'homme; Lyon nous en a présenté l'exemple. L'assurance avec des formes de mutualité moins apparentes serait plus efficace et formerait davantage les mœurs individuelles. Alors elle pourrait n'être que la formule générale des caisses d'épargne où l'accumulation a lieu sans mutualité.

Ici c'est l'intervention du gouvernement que j'appelle, car il faut des garanties à tous ces assurés qui remettent leurs intérêts entre les mains d'un gérant. Mais le patronage gouvernemental s'il est sans limite, devient dangereux comme peut l'être l'exploitation du commerce; d'un côté les deniers des intéressés sont administrés avec une probité réelle, mais avec moins d'activité et d'initiative; de l'autre ils servent à produire souvent un profit pour des tiers et dans des institutions charitables, c'est le profit des assurés qu'il faut toujours avoir en vue.

Dans les formes que les assurances ont revêtues jusqu'à ce jour, on a pu avec raison laisser un vaste bénéfice à la spéculation des tiers qui sont ici représentés par les actionnaires des compagnies d'assurances. C'était en effet le moyen le plus sûr pour constituer et propager ces utiles institutions. Il est même vrai de dire que les assurances sur la vie ont été autrefois administrées soit par faux calcul, soit par philanthropie, d'une manière trop désintéressée. Ce fut une des causes

qui leur ôta les moyens de se propager, et ré-
duite à de petites proportions, toute mutualité
cesse d'être régie par les calculs de probabilité
qui avaient servi à sa fondation ; elle tombe et
ne profite ni aux assurés ni aux assureurs.

Les sociétés mutuelles de bienfaisance ont toujours ce défaut, qu'elles manquent de nombre.
Aussi leur administration est pénible, et puis
c'est un grave inconvénient que cette espèce
d'organisation républicaine qui préside à leur
formation. Ajoutez que le danger de la coalition
est bien près d'une compagnie formée en corps
d'état ou suivant les divisions locales d'une grande
ville, quand cette compagnie choisit elle-même
ses chefs et peut les déposer.

Les institutions de la bienfaisance doivent être
administrées par des bienfaiteurs, hommes de
cœur, éclairés et capables, elles doivent être régies par un gérant responsable et salarié. Alors
vous verrez se développer tout le système de
prévoyance individuelle qui seul peut amener la
moralisation des masses.

J'ai indiqué les assurances qui existent, je ne
parlerai pas des essais qui ont été faits. Il me
suffira de dire que, près d'un demi-siècle s'é-
coula avant que les calculs des savants fussent

mis en pratique, que déjà bien des compagnies s'étaient élevées quand on a posé sur des bases certaines les calculs de probabilité qui pouvaient servir à fixer les conditions de toute assurance. Qu'enfin, c'est à peine si les données de la statistique sont assez nombreuses aujourd'hui pour que tout nouveau système ait un degré réel de certitude.

Mais toutes les formes de l'assurance ne se réduisent pas à celles que j'ai indiquées. Elles peuvent se modifier pour toutes les positions de la vie. Elles peuvent remplacer partout nos institutions antiques, respectables par le bien qu'elles ont fait, mais toutes entachées de ce principe qui a dicté la loi des pauvres en Angleterre. A l'époque où le second concile de Tours faisait une loi à chaque paroisse de nourrir ses indigents, l'aumône paraissait morale, elle était religieuse. Mais aujourd'hui il n'est pas un riche qui ne considère l'aumône comme une prime payée aux mauvaises mœurs et à la paresse, pas un pauvre aussi qui ne considére comme un moyen d'existence la mendicité. Cependant il y a des malheureux, et quoique dans notre siècle la dureté du cœur s'apprenne vite, il y a encore des riches bienfaisants.

Il y a aussi des dépôts de mendicité, des asiles pour la vieillesse, des hôpitaux pour les malades. Mais toutes nos institutions d'aumône sont en si petit nombre que c'est un privilége d'indigence que d'être admis à la part qu'elles font au plus nécessiteux. Leurs rares secours sont cependant un appât pour la paresse et l'ignominieuse apathie qui fait le vagabond et le mendiant. Dans l'état imparfait de notre organisation sociale il est vrai de dire qu'il n'y a déjà plus de secours réparateurs pour le malheureux et qu'il n'existe pas encore d'institution préservatrice contre le malheur.

Pour le vieillard, point de système de prévoyance, tout est faiblesse, tout est mort; à lui l'aumône, à lui les parcimonieux secours de ses enfants, à lui tout le malheur d'être à charge à autrui. Et pour l'enfance débile, et pour la jeune mère qui tient sur ses genoux un nouveau-né? Encore l'aumône, encore l'hôpital, encore la dégradation, l'oubli des devoirs de la famille, le déchirement des sentiments de la nature. Quelques-uns, animés d'une honorable philanthropie, ont réclamé pour l'ouvrier marié un salaire plus élevé; mais ils ont oublié que ce salaire, au-dessus des besoins d'une journée, était sans emploi utile dans une société où il n'existe aucune prévoyance de l'avenir. D'autres, administrateurs éclairés, ont été frappés de la dégradation morale qui accompagne presque toujours l'indigence, et ils ont demandé des lois répressives contre la mendicité, mais ils n'ont pas vu que l'homme d'énergie, dans un pays qui lui refuse le travail, l'aumône et les moyens d'accumuler et de décupler ses épargnes pendant les jours heureux, deviendra criminel avant d'être indigent. Le pauvre, celui qui se présente sous ce nom aux administrateurs de sa commune, est toujours dégradé avant d'accepter une telle dénomination, et c'est la faute de notre société où il n'existe aucun avenir pour l'homme qui est né et qui vit dans la classe laborieuse.

L'honorable M. de Villeneuve a proclamé les bienfaits de l'agriculture et flétri les fausses richesses que procure l'industrie. C'est une vérité dans notre état social que le perfectionnement des arts ne peut s'accomplir sans de cruelles souffrances. Mais le paupérisme serait sans aliment si la prévoyance présidait à la naissance, à l'éducation, à la jeunesse, à la virilité, à la vieillesse du travailleur, et l'industrie alors pourrait se modifier et s'aider des puissances de la mécanique, de toute la force des agents naturels, sans causer les maux dont elle a trop souvent été la source.

L'infusion du système d'assurance dans les institutions de bienfaisance aurait sans doute d'immenses résultats. Les hospices d'orphelins seraient les premiers à en sentir l'influence; car, s'il est peu embarrassant dans l'état actuel de nos établissements d'enfants trouvés de faire élever et nourrir un enfant jusqu'à l'âge de douze ans, on doit reconnaître que l'avenir de cette jeune plante n'est nullement garanti des orages auxquels elle sera certainement exposée. De graves abus se sont introduits dans la noble institution de saint Vincent de Paul; tous ont pour principe le système d'aumône qui a inspiré ce saint prélat. Étudiez les règlements des hospices, et vous y verrez que toutes les précautions les plus minutieuses ont été prises pour reconnaître et rendre à ses parents, celui qui fut à sa naissance abandonné, sans secours, à la charité publique. D'un autre côté, écoutez la parole grave de nos préfets qui, depuis trois ans, préviennent les mères que si elles délaissent leurs enfants, bientôt elles ne pourront les retrouver, l'administration ne devant pas tolérer l'aumône forcée qu'on lui impose. N'y a-t-il pas là une contradiction ? Mais voyez encore que les peines les plus sévères atteignent la nourrice qui détache le collier de l'enfant et qui détruit ainsi les preuves de son identité avec celui qu'on peut toujours venir réclamer. Ce n'est donc pas pour punir les mauvais parents, par la perte de leur enfant, que vous leur en dérobez les traces, mais seulement pour briser le cœur de ces femmes qui sont ainsi privées de reprendre comme nourrices celui qu'elles viennent d'abandonner comme mères.

Il n'y a dans toutes les mesures prises depuis un siècle et demi à l'égard des orphelins aucune prévoyance de l'avenir : d'abord, il s'est agi seulement de conserver l'existence aux jeunes enfants qui mouraient de misère ; ensuite pour diminuer les charges des hospices, on a soigneusement rendu aux parents ceux qui étaient réclamés ; puis, dans le même but, on rend impossibles ces douces affections qui unissent le nourrisson et la nourrice ; enfin, toujours par les raisons d'économie, on pense à rendre notoire l'abandon des enfants, et les mesures les plus contraires aux principes de l'institution sont proposées, tant la nécessité de diminuer les charges du département aveugle les administrateurs les plus consciencieux.

La morale et l'avenir des enfants voudraient bien autre chose.

Il est moral, par exemple, que les enfants du crime, de la débauche, de l'indigence, ne soient jamais rendus à leurs parents.

Il est moral aussi de faire naître dans ces petits êtres les affections de famille, en les confiant à de bonnes nourrices.

Mais il est surtout moral de donner une éducation professionnelle à ceux qu'adopte la patrie.

Il faut aussi qu'ils accumulent de quoi composer un petit capital à la sortie.

En ce moment l'instruction élémentaire qui s'améliore de la manière la plus rapide, commence dans la salle d'asile par le travail manuel le plus facile, se poursuit dans l'école d'enseignement primaire où la lecture, l'écriture, le calcul et le chant occupent les jeunes enfants, et se termine enfin chez le patron où l'apprenti acquiert un moyen d'existence. N'est-il pas étonnant qu'une partie des jeunes années soient employées d'une manière toute improductive à l'école primaire, quand dans la salle d'asile l'enfant

avait déjà commencé à comprendre que sa desti-
née était de former le plus gros tas de parfilage
possible, que l'une des conditions de son existence était le travail corporel éclairé par les fa-
cultés de l'intelligence?

L'enseignement primaire n'est ni celui qui
convient au pauvre, ni celui destiné aux orphelins.

Et comme l'orphelin est le plus pauvre des
enfants, je le prendrai pour objet de compa-
raison.

Dès qu'il est capable de faire un travail plus
lucratif que le parfilage des chiffons, assignez-lui
quelque état qui commence à développer en lui
des idées de forme. L'étude de la forme en effet
a créé tous nos arts. Qu'il tresse de l'osier, qu'il
bâtisse des cages pour les oiseaux. A mesure qu'il
grandira, vous ferez varier ses occupations, vous
agrandirez le champ de ses moyens, et vous paie-
réz sa journée plus cher, car, ainsi que l'a prescrit
Franklin, il faut non-seulement que les établissements d'orphelins soient d'immenses ateliers,
mais il faut encore que la journée de chacun ait
un prix, que toutes les sommes gagnées s'accumulent, que l'héritage des décédés soit réparti
sur toutes les masses, puis à la sortie de l'hospice,

ou des ateliers qui en dépendent, à **21** ans, faites le décompte de votre enfant, qu'il paie ses dépenses d'éducation sur son pécule et que le surplus serve à l'établir. De cette manière on pourrait multiplier à l'infini les hospices, puisqu'ils ne coûteraient rien à l'état, et tous les enfants pauvres deviendraient d'honnêtes ouvriers.

Sur ce pied, les hospices pourraient recevoir les indigents comme les orphelins, quoiqu'à des conditions différentes, et comme le prix du travail serait toujours accumulé et multiplié par les extinctions, le jeune indigent qui, en entrant, aliénerait son travail jusqu'à **21** ans, pourrait être classé comme orphelin.

On peut encore beaucoup perfectionner cet admirable projet d'institut philanthropique que le sage des États-Unis nous a légué. Dans l'exécution, on peut former des ateliers divers avec divers entrepreneurs ; on peut introduire les exercices gymnastiques pour récréer ceux qu'un état sédentaire occupe la plus grande partie du jour ; enseigner le dessin et divers arts qui favorisent le repos à ceux dont l'état est un exercice continuel.

Enfin, le dimanche est un jour où les occupations seront différentes ; les jeux doivent être aussi des occupations [1].

Telles sont les bases de toute amélioration dans l'éducation des pauvres ; laissons l'instruction littéraire de nos écoles actuelles aux fils des ouvriers aisés, qui veulent s'élever au-dessus de l'état de leur père : ceci est un autre degré d'éducation auquel l'enseignement isolé par l'apprentissage chez un maître est aussi applicable ; l'enfant dont le père a de l'aisance, par son travail peut s'instruire et se faire un état sous l'inspection paternelle. Ces liens de famille, qui sont si près d'être les liens de la société, se fortifieront par les rapports habituels que le père aura avec son fils, et les éléments d'une classe supérieure à celle des simples ouvriers, sans être encore la classe moyenne proprement dite, seront ainsi créés.

On verra que toutes les idées fondamentales que j'ai exprimées ici sont déjà répandues dans la population : les délibérations des conseils gé-

(1). Voyez *France départementale*, tome 2, page 481, le passage cité des Mélanges de Benjamin Franklin, et les principales dispositions votées par les conseils généraux dans leurs sessions de 1835, relativement aux budgets départementaux pour l'éducation publique.

Voyez encore à nos Annonces l'ouvrage de M. Cerfberr sur les Sociétés de bienfaisance.

néraux feront ressortir, certainement, combien les institutions de bienfaisance préoccupent les hommes de bien, combien la moralité du pays paraît nécessaire à tous les hommes éclairés, combien enfin l'esprit de prévoyance, s'il pouvait inspirer le pauvre, semble devoir combattre puissamment l'égoïsme dont s'alimentent tant d'énergiques activités, et ce dégoût général qui opprime toutes les âmes douces et faibles.

CHAPITRE IV.

INSTITUTIONS DE BIENFAISANCE

CONSIDÉRÉES COMME INSTITUTIONS DE SECOURS ET DE PRÉVOYANCE.

Nous devons cette louange aux départements, que la charité y est plus généralement exercée et mieux entendue qu'à Paris. Au milieu de la foule, isolés comme dans un désert, les riches de la capitale n'ont que des inconnus à soulager, leur égoïsme y est à l'aise, et comme le peuple s'y fait l'égal de la haute classe, celle-ci n'a point de distance à combler par les bienfaits. En même temps l'ostentation et les plaisirs de la vie suffisent à consommer les plus grandes richesses, et quelquefois portent le désordre dans les plus belles fortunes, de sorte qu'il n'y a pour un riche de Paris, ni misères dignes d'intérêt, ni superflu à employer pour le soulagement du pauvre.

A Paris, les principes de Vasquez sont dans le cœur des grands ; malgré les immortelles *Provinciales* qui ont si spirituellement démoli tout l'échafaudage de préceptes cauteleux établis par les jésuites, chacun dit : « Ce que les gens du » monde gardent pour relever leur condition et » celle de leurs parents n'est plus appelé super- » flu. Et ainsi, à peine trouvera-t-on qu'il y ait » jamais de superflu dans les gens du monde » et non pas même dans les rois. » Vous voyez, ajoute Pascal, que tous ceux qui auront de l'ambition n'auront point de superflu, et qu'ainsi l'aumône est anéantie à l'égard de la plupart du monde.

Mais en province on ne peut raisonner ainsi, l'ambition est moins dispendieuse, moins active, elle manque souvent d'aliment, les classes sont plus séparées, plus distinctes ; le bienfait y est un lien nécessaire entre le riche et le pauvre ; la misère souvent honnête, souvent peu méritée, attire sur elle l'œil compatissant de ces hommes auxquels les jouissances du foyer domestique suffisent, et chez qui se développent

tous les sentiments généreux par l'habitude de
les exercer au milieu d'un pays qui n'offre à l'é-
goïsme qu'un pénible isolement.

Voilà pourquoi à la saison rigoureuse on voit
dans les départements se renouveler chaque année toutes ces aumônes, tous ces bienfaits qui
honorent le riche, et dont le pauvre profite; c'est
surtout au milieu des campagnes que la charité
peut s'exercer avec plus de fruit et de la manière
la plus facile ; là , le grand propriétaire , le cul-
tivateur, le manufacturier, s'il offre du travail,
donne à tous les malheureux un secours à la fois
utile et honorable à celui qui le reçoit ; s'il offre
une aumône, c'est toujours pour satisfaire à une
nécessité pressante , pour réparer un malheur
imprévu, et sans dégrader celui qui est l'objet
de sa pitié.

Depuis quelques années les principes de l'é-
conomie politique reproduits fréquemment par
les différents organes de la presse, et presque
toujours modifiés suivant la passion qui dirigeait
la plume de l'écrivain, ont fourni à l'indifférence
des riches une foule de prétextes pour repousser
le malheureux loin du seuil de leurs maisons.
On jette au pauvre le mépris et la réprobation
qu'il a mérités par son inconduite, son désordre,

sa paresse ou tout au moins par son imprudence
qui l a rendu père d'une trop nombreuse famille, propriétaire d'un champ grêlé, d'une
chaumière incendiée avant qu'elle fût assurée,
ou fils d'un vieillard trop longtemps à la charge
de ses enfants avant de mourir.

Si l'économie politique défend à la raison de
prendre pitié des malheurs qui semblent être
plus ou moins une punition, la charité et les
sentiments généreux d'homme à homme qui sont
le principe de toute association, savent excuser
la faute et s'exercent souvent même à soulager
l'infortuné dans le crime. C'est donc mal comprendre les principes qui doivent diriger les administrateurs et les gouvernants, que d'en faire
l'application à la conduite privée du riche pour
tarir dans son cœur les sources de l'aumône et
de la pitié pour le malheureux.

Mais ce serait aussi bien mal comprendre l'organisation de nos sociétés, que d'introduire dans
nos lois et dans nos règlements administratifs,
cette pitié pour le malheur qui s'exerce et se satisfait facilement par une aumône passagère et
imprévoyante. Dans les siècles qui ont précédé
le nôtre, on a trop souvent étendu les principes
de la religion chrétienne au gouvernement des

hommes; autre chose est d'administrer une fortune particulière, ou de régler les dépenses publiques; l'aumône et le bienfait qui lient les hommes entre eux et qui servent à établir les rangs de
manière à coordonner toutes les parties du corps
social, tendent au contraire, s'ils sont administrés publiquement et au nom de la société, à
jeter le désordre dans le monde, à confondre les
rangs en établissant le principe de la répartition
des richesses, ou à réduire une partie de la nation
à l'état de vils ilotes. C'est la loi agraire qui commence la décadence de Rome, ou la loi des pauvres qui ébranle le colosse britannique.

M. Duchâtel a parfaitement établi, dans son
ouvrage sur la charité (1), les conditions de la
bienfaisance, considérée sous le rapport social;
il a montré tout le danger des aumônes publiques, toute l'immoralité, j'oserai le dire, des
hospices qui assurent un asile aux malheureux
que font l'inconduite, le désordre ou l'imprévoyance. C'est un précieux livre à consulter pour
les administrateurs des départements, pour les
conseillers généraux qui trop souvent apportent

(1) De la charité dans ses rapports avec l'état moral et le bien-être
des classes inférieures de la société, par T. Duchâtel. — Guiraudet
et Jouaust, rue St.-Honoré, n. 315.

dans leurs décisions cette préoccupation honorable que leur donnent le désir et l'habitude de soulager *promptement* les misères individuelles. Les conseillers municipaux, placés plus près de l'infortune à laquelle il s'agit de porter secours, sont encore sujets, plus que les conseillers généraux, à se laisser entraîner par les principes qui règlent leur charité privée ; cependant l'administration de la bienfaisance publique est peut-être la plus haute fonction dont soient chargés les conseillers généraux et municipaux, et je crois pouvoir le dire, dans un gouvernement, quels que soient sa forme, son origine, ses antécédents, *tout doit être bienfaisance*, ou pour mieux expliquer ma pensée par un contraire, *rien ne doit tendre à l'exploitation de tous au profit d'un petit nombre ;* si les conseils des différents degrés dans les départements, ont une action immédiate sur la bonne administration des bienfaits publics, le gouvernement central jouit pleinement de cette haute puissance qui ouvre les sources du travail, prépare la prospérité de toutes les industries, assure la sécurité du pays, et sait fonder la prospérité de toutes les classes sur la fortune publique.

Mais quoique nous soyons déjà fort avancés

en civilisation, quoique tous les principes d'économie politique et d'administration gouvernementale, aient été discutés depuis un demi-siècle, plus peut-être que cela n'était nécessaire pour arriver à la connaissance de la vérité, bien des erreurs dirigent encore, loin du véritable but, les hommes qui ont les meilleures intentions, et l'amélioration du sort des classes pauvres est trop souvent comprise comme une aumône ou comme une loi qui suppose à tous la haute raison dont quelques-uns seulement sont doués.

Après avoir fait toutes les réserves que j'ai cru nécessaires pour établir une distinction bien prononcée entre la charité privée et la bienfaisance publique, je n'hésiterai pas à exposer comment on doit comprendre les institutions charitables destinées au soulagement des pauvres, et dans cet exposé je prendrai pour guide l'ouvrage que j'ai déjà cité et qui est dû à la plume, jeune encore, d'un homme qui préludait en concourant pour le prix Monthyon, aux destinées élevées qui l'attendent sans doute.

Il faut, je crois, considérer les institutions de bienfaisance comme étant de deux espèces : les *institutions de secours* et *celles de prévoyance* ; la morale, d'accord avec les principes d'un bon gouvernement, tend à faire supprimer les premières en développant les autres; mais il faut reconnaître que ce but ne sera jamais atteint; c'est une perfection dont il est seulement permis d'approcher.

L'histoire nous apprend que les siècles passés ne s'occupaient que des institutions de secours. C'est qu'en effet c'est un des caractères de la plus haute civilisation que cette prévoyance sociale, qui enseigne aux classes pauvres l'ordre et l'épargne; c'est aussi une preuve de science commerciale que ce calcul d'avenir sur les risques dont toute propriété, toute valeur matérielle se trouve grevée; enfin c'est très-certainement une pensée qui ne peut naître dans l'enfance des sociétés que celle de l'association universelle sur laquelle repose cette mutualité qui s'étend aujourd'hui sur le monde comme un réseau sympathique, et qui fait souffrir Paris et Londres des malheureux événements qui s'accomplissent à New-York.

L'imprévoyance des siècles passés, tient encore à la religion chrétienne qui, non-seulement dominait alors la conduite privée des hommes, mais dont les principes s'étaient aussi étendus au gouvernement des sociétés. Faussement interprétée, elle avait servi à fonder des associations de mendiants dont les vertus étaient la pauvreté et l'imprévoyance de l'avenir. Elle fonda des asiles pour les vieillards, des couvents pour les femmes isolées dans le monde, bien longtemps avant qu'un saint homme participant à la civilisation progressive de son siècle, vînt demander aux dames de la cour leurs joyaux et leurs parures, pour fonder un établissement d'enfants trouvés, heureuse institution qui a pour base la prévoyance de l'avenir unie à cette religieuse pitié qu'on doit à l'infortune d'une innocente enfance.

La révolution politique qui a eu lieu en France à la fin du siècle dernier a fait comprendre toute l'immoralité de la mendicité organisée; elle a détruit une grande partie des institutions sociales de nos ancêtres devenues vieilles par les progrès de la civilisation, et souvent corrompues par les vices des hommes qui avaient perdu les mœurs simples de leurs aïeux. Elle a substitué à ces institutions détruites des établissements nouveaux qui ne sont point exempts d'erreurs dans le principe de leur fondation. La plus grave de ces erreurs est certainement le dogme de l'égalité dont l'application établit presque constamment d'importantes inégalités entre les membres de la société. En imposant des charges égales à tous les citoyens, la révolution de 89 a grevé le pauvre bien au delà du riche dans tous les cas où la charge imposée peut se résoudre en argent; elle a au contraire, dans le cas où il s'agit d'un service personnel, fait un grand mal à l'homme qui a reçu une éducation libérale, et ménagé quelquefois au pauvre un bien-être qu'il n'aurait jamais connu s'il n'avait été appelé à servir l'état.

Aujourd'hui, nous avons également à nous prémunir contre les chances de la fortune et contre les inégalités de condition que la loi nous a faites; et comme les principes sont encore en lutte, qu'il n'est même pas sans exemple de voir des hommes habiles confondre les règles de la conduite privée avec celles du gouvernement et une circonstance, tandis qu'ils les distinguent parfaitement dans une autre, nous sommes réservés à voir naître encore bien des chances nouvelles pour lesquelles il faudra user de prévoyance.

Il reste aussi établi que pour le temps présent

nous ne sommes pas dans une position assez nette, la société n'a point offert aux individus assez de moyens d'avenir pour qu'elle n'ait pas à remplir un véritable devoir en donnant des secours aux malheurs qu'elle a causés, à l'infortune contre laquelle elle nous empêche souvent de nous prémunir.

Les hôpitaux pour les malades, les hospices pour les vieillards, les dépôts de mendicité, les monts-de-piété, les bureaux de bienfaisance, les secours et les indemnités à domicile, toutes institutions de secours pour le soulagement des pauvres valides ou invalides, sont encore des établissements nécessaires à la France.

Les caisses d'épargnes, les compagnies d'assurances de toutes espèces, soit qu'elles garantissent contre les hasards qui tiennent à l'irrégularité des saisons, contre les chances aléatoires dont les causes sont inconnues, ou contre les mauvaises lois faites par les hommes, sont encore trop neuves pour suffire à remplacer toutes les institutions de secours; il est remarquable même qu'il n'existe encore, dans notre pays, qu'un seul genre d'institutions de prévoyance auquel soit attaché un caractère de protection gouvernementale. Les caisses d'épargnes

ont seules, jusqu'à ce jour, obtenu ces encou-
ragements positifs qui fondent solidement un
établissement utile, encore serait-il permis de
croire que la fiscalité de nos administrations fi-
nancières y a trouvé un emprunt facile et peu
onéreux à faire, et que ce motif a pu rendre plus
prompte l'élévation de ces institutions si heu-
reusement inventées pour le pauvre. Les caisses
d'épargnes ouvrent un chemin large vers cette
banque dont la base nous est encore inconnue,
mais qui aurait pour but de rectifier cette longue suite d'erreurs en économie sociale qui
amènent peu à peu dans la caisse du riche l'or
qui se produit par le travail du pauvre ou de
l'industriel. Dans l'état actuel de notre organisation financière, le transport des valeurs les
diminuent tellement que le commerçant et le
producteur agricole ou manufacturier n'ont de
bénéfices à réaliser que par l'économie qu'ils
peuvent faire sur les services de l'argent, soit
en en possédant eux-mêmes beaucoup, soit en
rétrécissant leurs opérations de spéculation.

En cette situation et comme pour accuser
l'imprévoyance des législateurs, nous avons vu
s'élever un grand nombre de sociétés qui ont
offert à tous ceux qui possèdent des assurances,

pour les garantir des risques auxquels toute propriété est soumise. Les assurances relatives aux chances de succession, rectifient ce que nos lois, sur ces matières, ont d'incorrect et d'injuste; celles qui fondent des dots, qui rachètent le jeune soldat ou fournissent le fonds d'un premier établissement, sont de véritables caisses d'épargnes; ces institutions, si on en excepte les assurances maritimes et celles contre l'incendie, sont peu connues, elles ont surtout besoin d'être propagées dans les départements où la régularité de la vie et le sérieux des relations de famille est encore compris. La disposition générale des esprits, en France, est certainement contraire à toute institution de prévoyance, il est peu d'hommes qui ne comptent plus sur leur industrie et sur leur capacité à faire valoir un capital, que sur l'épargne qu'ils en peuvent faire. Mais quel pas immense, cependant, a été fait depuis cinquante ans, dans la carrière de l'économie et quelle progression se manifeste chaque jour encore !

Il y a entre les institutions *de secours* et celles *de prévoyance*, d'autres institutions qui participent des unes et des autres. Mais suivant qu'on les a considérées sous un point de vue ou sous un autre, elles ont paru à certains philosophes, condamnables ou dignes d'être propagées. Dans ces derniers temps, les ministres de la religion, qui représentent essentiellement la charité privée, la bienfaisance par secours et aumône, mais qui souvent, pressés dans la localité où ils vivent, ne peuvent porter leur regard compatissant sur les misères que leurs bienfaits même préparent quelquefois, soutenaient ces institutions mixtes avec un soin pieux , ils ne les considéraient que comme des institutions de secours. Aujourd'hui plus éclairés , ou ils leur retirent leur puissant appui, ou ils veulent en faire , avec raison, des écoles de morale et de vertu. Ils entrent alors dans la vérité, et nous ne saurions trop encourager leurs investigations dans tout ce qui concerne particulièrement *l'éducation*, qui n'est pas comme j'ai eu occasion de le dire, seulement *l'instruction primaire*.

Quand la société améliore la condition de l'enfance, quand elle offre aux jeunes des principes moraux et des connaissances positives qui les sauveront, adultes, de la misère ou de l'inconduite, elle fait acte de prévoyance. C'est ainsi qu'il faut envisager le système d'éducation publique qui se réalise par les hospices d'enfants trouvés, les salles d'asile, les écoles d'instruction primaire.

L'importante question des causes qui ont vicié l'institution de saint Vincent de Paul qu'une société de Mâcon vient de mettre au concours, peut se résoudre, je crois, en examinant avec détail l'administration intérieure des hospices. Depuis que les préfets ont porté sur cette matière un regard investigateur, ils ont reconnu que chaque hôpital, originairement destiné à élever les enfants et à les rendre à la société au moment où leurs forces physiques peuvent suffire à soutenir leur existence, était devenu par le fait un bureau de bienfaisance destiné à secourir les mères indigentes qui abandonnaient leurs enfants pour les reprendre ensuite. Le mal reconnu, il a été facile de réduire l'institution des enfants trouvés à sa simplicité primitive. Mais il reste à fonder une institution de prévoyance qui fournisse aux mères pauvres 'les moyens de vivre sans travail pendant le temps qu'il faut consacrer à nourrir et à soigner un tout jeune enfant; il reste à trouver une caisse d'épargnes, une banque philanthropique qui, pour une prime de peu de valeur, ouvre à l'artisan journalier un crédit destiné à soutenir sa famille pendant les interruptions de travail; avant de réduire les secours, ne serait-il pas rationnel d'ouvrir au pauvre le moyen d'administrer lui-même sa fortune.

Car maintenant l'ouvrier est libre sans doute, il n'a plus ni maître qui le gouverne et le soigne comme un instrument productif, ni patron qui le protége et l'exploite, mais quelle loi lui a donné la prévoyance de l'avenir? l'éducation gratuite qu'on lui offre lui apprend-elle même à se prémunir contre la misère? Et vivons-nous dans un temps où les principes de l'économie politique soient si bien arrêtés, où la législation commerciale soit si judicieusement calculée, où les rapports internationaux soient si bien établis, qu'il n'existe aucune industrie factice et fragile, aucun commerce usuraire et déloyal, aucune élévation du riche au détriment du pauvre? N'avons-nous à craindre ni crise commerciale ni banqueroutes générales, ni paniques dans cet immense crédit qui centuple toutes les valeurs et permet tant d'opérations dont le mécanisme intime est encore ignoré dans ses rapports réels avec la richesse sociale? Quel sort est réservé aux classes inférieures dans tous ces désordres so-

ciaux que la législation, ni le meilleur gouvernement ne peuvent empêcher?

Non ce n'est pas encore le temps d'enlever au
pauvre le secours charitable qui peut l'aider à
vivre, mais, qu'on le sache au moins, la morale, l'économie politique, l'ordre social et les
progrès de la civilisation appellent ces institutions de prévoyance appliquées à tous les besoins,
et veulent surtout leur établissement complet,
définitif et bien entendu, avant la suppression
des aumônes et des secours.

PROJET DE LOI

SUR

LES ASSURANCES

SOUMIS

AUX CONSEILS GÉNÉRAUX D'AGRICULTURE, DU COMMERCE ET DES MANUFACTURES.

Art. 1er. Aucune entreprise d'assurances contre l'incendie, soit française, soit étrangère, ne peut exister ni opérer en France qu'après l'autorisation du gouvernement : cette autorisation sera donnée dans la forme prescrite pour les règlements d'administration publique.

L'acte d'autorisation devra être affiché, pendant trois mois, dans la salle des audiences du tribunal de commerce de l'arrondissement du siége de l'entreprise, indépendamment des publications spéciales qui pourront être ordonnées par le gouvernement.

Les sociétés qui seraient constituées pour assurer contre l'incendie ne pourront être formées que par actes publics.

Art. 2. Les dispositions de l'article qui précède seront observées, à peine, contre les auteurs, directeurs ou agents desdites entreprises, dans le cas de contravention, d'être poursuivis correctionnellement et punis d'une amende de 1,000 à 5,000 fr., et, en cas de récidive, de 5,000 à 10,000 fr.

La même peine sera applicable dans le cas de violation ou de non-exécution des conditions imposées par l'acte d'autorisation, sans préjudice du droit qui appartiendra, dans les mêmes cas, au gouvernement de révoquer les autorisations accordées.

Art. 3. Le contrat d'assurance doit être rédigé par écrit, daté et signé par les parties.

Il exprime :

Le nom et le domicile de celui qui fait assurer, et la qualité en laquelle il agit ;

La nature, la désignation, la situation des objets assurés ;

La somme assurée, en spécifiant si cette somme comprend la valeur entière ou seulement une partie de la valeur des objets en risque ;

Les assurances antérieures qui peuvent exister sur les mêmes objets ;

La prime ou le coût de l'assurance ;

L'époque où l'assurance doit commencer et celle où elle doit finir.

Art. 4. L'assurance ne peut jamais être pour l'assuré un moyen d'acquérir ; en conséquence, la détermination, dans le contrat ou police d'assurances, du montant de la somme assurée, n'a pour objet que de limiter la garantie de l'assureur et le recours de l'assuré.

Art. 5. L'assurance ne peut être faite qu'au profit du propriétaire des objets assurés.

Elle peut être faite soit par le propriétaire lui-même, soit par un tiers.

Nul ne peut faire assurer la propriété d'autrui, sans avoir à sa conservation un intérêt matériel dûment constaté.

Le contrat d'assurance doit être notifié au propriétaire de la chose assurée.

Celui qui fait assurer la propriété d'autrui a droit, en cas de sinistre, au remboursement, par privilége, des frais de l'assurance.

Art. 6. Le risque résultant de la responsabilité relative à l'incendie accidentel de la propriété d'autrui peut être, de la part du locataire ou de toutes autres personnes, l'objet d'un contrat d'assurance.

Art. 7. L'assurance peut être faite pour la totalité ou pour une partie seulement de la valeur des objets en risque.

Si l'entière valeur des objets en risque n'est pas couverte par le premier contrat, l'excédant peut donner lieu à un ou plusieurs contrats subséquents, mais sous la condition, pour l'assuré, de faire connaître aux nouveaux assureurs l'existence et les clauses des contrats antérieurs.

Art. 8. L'assureur peut faire réassurer par d'autres les objets qu'il a assurés.

L'assuré peut faire assurer la solvabilité de son assureur.

Art. 9. Tout contrat d'assurances ou de réassurances, consenti pour une somme excédant la valeur des objets en risque, est nul à l'égard de l'assuré, s'il est prouvé qu'il y ait dol ou fraude de sa part.

S'il n'y a ni dol ni fraude, le contrat est valable jusqu'à concurrence de la valeur des objets assurés.

Art. 10. Toute dissimulation, toute fausse déclaration faite à dessein de diminuer l'opinion du risque, lors de la rédaction du contrat d'assurances, annulent le contrat à l'égard de l'assuré : il en sera de même dans le cas de changement apporté pendant le cours de l'assurance soit par l'assuré, soit à sa connaissance, dans le siége, l'état ou l'emploi des objets assurés, lorsque ces changements n'auront pas été déclarés à l'assureur avant le sinistre, et qu'ils seront de nature à aggraver le risque.

Art. 11. L'assuré ne peut prétendre, en cas de sinistre, quelles que soient d'ailleurs les énonciations du contrat d'assurances, qu'au paiement de la perte effective qu'il a éprouvée, et qui est réglée sur l'état et la valeur de l'objet assuré au moment de l'incendie.

Il est tenu d'en justifier par titres, livres, factures, papiers domestiques, et par la preuve testimoniale, dans le cas où le tribunal croira devoir l'admettre.

Le tribunal pourra aussi, toutes les fois qu'il le jugera convenable, déférer d'office le serment.

Art. 12. Si l'assurance couvre l'entière valeur de l'objet en risque, l'assureur supporte la totalité de la perte.

Si l'assurance ne couvre qu'une partie de la valeur de l'objet en risque, il supporte la perte jusqu'à concurrence de la somme assurée, et sans contribution de la part de l'assuré, à moins de stipulation contraire dans le contrat d'assurances.

S'il existe sur le même objet plusieurs contrats d'assurances, la perte se répartit de plein droit entre les assureurs, proportionnellement à la somme assurée par chacun d'eux.

Art. 13. Dans le cas de sinistre, l'indemnité due par l'assureur représente la chose assurée.

En conséquence, lorsque l'assurance aura pour objet des choses mobilières, la somme assurée sera, s'il y a lieu, distribuée par contribution entre les créanciers opposants, suivant les formalités indiquées au titre XI du Code de procédure civile, relatif à la distribution par contribution; lorsque des immeubles auront été assurés, l'indemnité sera distribuée suivant l'ordre des priviléges et hypothèques.

Toutefois, l'assureur pourra se libérer en se faisant autoriser par le tribunal à consigner.

Art. 14. Nonobstant les dispositions de l'article précédent, l'assureur aura toujours la faculté de rétablir en nature les objets assurés.

L'assuré jouira de la même faculté vis-à-vis de ses créanciers, en donnant bonne et solvable caution. Le jugement qui statuera sur la demande de l'assuré et sur l'admission de la caution, autorisera le paiement entre ses mains de l'indemnité due par l'assureur, et déterminera le délai dans lequel l'objet assuré devra être rétabli.

Art. 15. L'effet du rétablissement de la chose assurée, dans les deux cas ci-dessus énoncés, sera de faire revivre avec elle tous les droits réels, priviléges et hypothèques dont elle pouvait être grevée.

Art. 16. L'action en règlement du sinistre se prescrit, par six mois, à compter du jour de l'incendie.

Art. 17. L'assureur, qui aura payé l'indemnité, aura son recours contre toutes personnes responsables du sinistre, à la charge de prouver que le sinistre provient de leur faute.

Art. 18. Le contrat d'assurances prend fin immédiatement :

Par l'expiration du délai pour lequel l'assurance a été contractée ;

Par la faillite de l'assureur.

Art. 19. L'assurance prend fin à l'expiration de l'année en cours :

Par la cessation de l'intérêt en raison duquel l'assurance a été faite par un tiers, conformément à l'art. 5 de la présente loi ;

Par toute mutation dans la propriété de l'objet assuré.

Art. 20. Le contrat d'assurances peut être résolu sur la demande de l'assureur :

Par la faillite de l'assuré, à moins qu'il ne donne caution ;

Par le défaut de paiement de la prime d'assurances ;

Par l'aggravation des risques prévus dans l'article. de la présente loi.

Art. 21. Sera déchu du bénéfice de l'assurance et privé de tout droit à l'indemnité, indépendamment des peines portées par l'article 434 du Code pénal, celui qui aura causé volontairement l'incendie de la propriété assurée à son profit.

Art. 22. Sera également déchu du bénéfice de l'assurance celui qui, soit en supposant faussement la perte des objets assurés, soit en dissimulant le sauvetage, soit en laissant ignorer à l'assureur tout ou partie des assurances existant sur le même objet, se sera fait payer des sommes qu'il savait ne lui être pas dues.

Il sera puni, en outre, d'un emprisonnement d'un mois à deux ans, et d'une amende de 50 fr. à 3,000 fr., et condamné par corps à la restitution des sommes perçues, sans préjudice de tous dommages et intérêts.

Art. 23. Toute entreprise d'assurances contre l'incendie qui, au moment de la promulgation de la présente loi, existerait ou opérerait en France sans avoir été autorisée, devra se pourvoir de l'autorisation du gouvernement dans un délai de six mois au plus tard.